Inhalt

Weihnachten - Drei Engel für Niko

Kernthesen

Beitrag

Fallbeispiele

Zahlen und Fakten

Weiterführende Literatur

Impressum

Weihnachten - Drei Engel für Niko

I.Zeilhofer-Ficker

Kernthesen

- 2,3 Milliarden Christen (und mittlerweile auch viele Andersgläubige) erwarten Geschenke zu Weihnachten.
- Für die reibungslose Belieferung sorgt die Himmels AG mit ihrem Vorstandsvorsitzenden, dem Heiligen Nikolaus von Myra, und seinen drei Engeln Jakobus, Simon und Matthäus.
- Millionen von Engeln, Unterengeln und Heinzelmännchen sind nötig für eine termingerechte Produktion sowie die entsprechende Auslieferung an den Endkunden.
- Für das Weihnachtsfest 2010 wird vor allem in Deutschland eine hohe Zahl an

Überstunden erwartet, da die günstige Wirtschaftslage die Schenkfreude ankurbelt.

Beitrag

Die Himmels-AG und ihr weltumspannendes Produktions- und Liefernetzwerk

Da Nikolaus von Myra schon im dritten Jahrhundert seinen Besitz an die Armen verschenkte, bringt er eine natürliche Eignung zum Vorstandsvorsitzenden der Himmels AG mit, die sich traditionell um die Produktion, Lieferung und Verteilung von Geschenken zu Weihnachten kümmert. [Abb. 1]

Eigentlich brachte der Heilige Nikolaus seine Geschenke ja an seinem Namenstag, dem 6. Dezember, da dieser aber schon vor Jahrzehnten als Feiertag abgeschafft wurde, verlagerte sich das Lieferdatum mehr und mehr auf Weihnachten. Nur noch einige wenige rückständige westliche Länder (wie Niederlande) beharren auf die Geschenkelieferung zum Nikolaustag.

Zuständig für die Anlieferung am 24. beziehungsweise 25.12. ist Niko selbst, der sich dadurch den Spitznamen Weihnachtsmann (auch Father Christmas) eingehandelt hat. In einigen Teilen der Welt (Bayern!!, aber auch in Österreich, der Schweiz, Tschechien, der Slowakei, Ungarn und Südtirol) bringt auch das Christkind die Geschenke, meist blondgelockt und weiblich und nicht zu verwechseln mit dem Christuskind. Während Niko die Geschenke erwiesenermaßen durch die Kamine der Häuser liefert, blieb der Lieferweg des Christkinds bisher im Dunkeln. Untersuchungen sind darüber zwar zugange, stellen sich aber als schwierig heraus, da das Christkind zu den meist beschäftigten und daher kaum für Interviews abkömmlichen Mitarbeitern der Himmels AG gehört.

Da sich die Auftragslage in den vergangenen hundert Jahren dramatisch verbessert hat, (die eingehenden Wunschlisten werden immer länger und immer mehr Menschen, sogar Nicht-Christen, erwarten Geschenke), hat sich Niko schon vor einigen Jahren drei Engel als Bereichsleiter zu Hilfe geholt. (6)

Die Materialbeschaffung

Für die Materialbeschaffung ist der Oberengel Jakobus (das ist der vom Jakobsweg) zuständig, der ja durch seine umfangreiche Reisetätigkeit schon zu

Lebzeiten beste Kontakte in alle möglichen Länder knüpfen konnte. Vor allem bei der Beschaffung von besten Weinen und anderen kulinarischen Schmankerln, speziell in Frankreich und Spanien, ist Jakobus unübertroffen.

In letzter Zeit hat Jakobus aber mit großen Schwierigkeiten zu kämpfen. Denn die aktuelle Rohstoffhausse macht ihm ziemlich zu schaffen. Erst hat China die Exportmengen von Seltenen Erden drastisch reduziert und jetzt sind auch noch Gold- und Kupferpreise auf Rekordniveau. Dabei braucht die Himmels AG diese Rohstoffe dringend, um der steigenden Nachfrage nach Unterhaltungselektronik (für Weihnachten 2010 vor allem 3D-Fernseher, Handys und iPads) gerecht zu werden. Und Gold ist sowieso unersetzbar für die vielen Schmuckstücke, die in Schuhen, Strümpfen und unter dem Weihnachtsbaum erwartet werden. (1), (2)

Der Erdölpreis nähert sich auch schon wieder der 100 Dollar je Barrel Marke. Als Rohstoff für die Millionen von Barbies, Legosteinen und Bobbycars brauchen die diversen Produktionswerke in China, Japan und Dänemark riesige Mengen dieses begehrten Roh- und Treibstoffs. Man macht sich ja kaum eine Vorstellung davon, welche Berge von Rohstoffen gebraucht werden für die Herstellung aller Puppen, Teddys, Spiele und mehr, die am Heiligen Abend die Kinderaugen leuchten lassen. Allein in Deutschland haben die Spielwaren, die an Weihnachten verschenkt werden, einen Wert von rund 1,7 Milliarden Euro. (3)

Die Produktion

Dem Engel Simon Zelotes untersteht als Bereichsleiter die gesamte Produktion. Simon hat ja einschlägige Erfahrungen als Schutzpatron der Färber, Gerber, Holzfäller und Lederarbeiter und bringt so die dafür notwendigen Produktionskenntnisse mit. Jetzt im Spätherbst haben für Simon bereits ruhigere Zeiten begonnen, mussten doch alle Kleiderkonfektions-Kollektionen, sowie alle Spielwaren und Elektrogeräte für das Weihnachtsgeschäft schon im Spätsommer fertig und verladen sein. Denn der Transport von China, Indien und Korea in die westliche Welt dauert ja seine Zeit.

Problematisch ist für Simon, dass seine chinesischen Heinzelmännchen nun anfangen, höhere Lohnforderungen zu stellen. Und das, obwohl sie ja gar kein Weihnachten feiern. Da werden wohl im nächsten Jahr harte Tarifverhandlungen auf Simon zukommen. (3)

Aber Simon überwacht auch die Produktion von allen anderen Geschenken. Kürzlich hat man ihn in der Schweiz gesehen, wo er bei Swatch, Rolex und

Richemond nach dem Rechten gesehen hat. Seitdem funkelt ein hochmodernes Schmuckstück an seinem Armgelenk, das ihm hilft, zur richtigen Zeit am richtigen Ort zu sein. Und als Vertreter des obersten Managements muss man ja auch seinem Status gerecht werden. Als erfreuliche Neuigkeit konnte Simon melden, dass die (Weihnachts-) Nachfrage nach exklusiven, hochpreisigen Uhren nach der Delle 2009 nun wieder stark angezogen hat. (4)

Auch mit den deutschen Verlagen stand ein Meeting an, um über die Zukunft des Buchdrucks zu sprechen. Laut Amazon wird es ja bald keine gedruckten Bücher mehr geben - E-Books und deren Lesegeräte (Kindle, erinnert doch an Christkindel?) sind wohl auf dem Vormarsch, vor allem bei den nordamerikanischen Lesern. Simon, der nur wenig technikaffin ist, bezweifelt allerdings, dass die Kindles je die gedruckten Bücher ersetzen können. So hadert er ja schon mit schöner Regelmäßigkeit mit seinem Handy, das immer gerade dann aufgeladen werden muss, wenn er es endlich mal brauchen würde. Auf die elektronischen Bücher verzichtet er genauso gerne wie auf einen Navi im Schlitten - damit ist er angeblich einmal in Norwegen im Fluss gelandet statt auf der Fähre. (5)

Die Logistik

Als ehemaligem Zöllner obliegen dem Engel Matthäus natürlich alle logistischen Aufgaben. Man sollte ihn mal sehen, wenn er zwischen den vielen Containern, Paletten und Paketen seine Runden dreht und seinen Versandengeln Vorträge über die korrekte Auflistung von Zolltarifnummern und Gefahrenguthinweisen hält. Als alter Hase ist er auch der Spezialist für ATL@S, dem automatisierten Zollverfahren sowie dem Versandverfahren NCTS (New Computerized Transit System), die für viele Engelchen zum Beispiel in Griechenland wohl in Ewigkeit Bücher mit sieben Siegeln bleiben werden. (7), (8)

Wie man weiß, werden vierzig Prozent der Spielwarenumsätze über Weihnachtsgeschenke erzielt. Bei Juwelieren und Uhrmachern ist es ein Drittel und auch Parfümerien und Warenhäuser setzen noch mehr als ein Fünftel in den beiden Monaten November und Dezember um. Im Weihnachtsgeschäft 2009 setzten die deutschen Einzelhändler über 70 Milliarden Euro um und heuer rechnet der Handel wegen der positiveren Wirtschaftslage mit einer deutlichen Steigerung. Entsprechend beschäftigt sind die Logistiker-Engel damit, alle Waren per Schiff, Bahn, LKW oder Flugzeug termingerecht in die Nähe der Geschenke-Empfänger zu bringen. (6), (9), (10)

7,7 Milliarden Tonnen an Gütern werden Jahr für Jahr auf den Weltmeeren transportiert - ein erheblicher Teil davon für das Weihnachtsgeschäft. Das sind immerhin 98 Prozent aller Waren, die einen weiten Weg zurückzulegen haben. Nur zwei Prozent fliegen per Luftfracht durch die Welt. Da Matthäus den neuen Flugzeugen eigentlich gar nicht traut, wobei er sich durch den jüngsten Zwischenfall mit dem A380-Triebwerk bestätigt sieht, schickt er immer noch pro Flug zwei Engel als Begleiter mit, wenn ein besonders wichtiges Geschenk transportiert wird. (11)

Einen Großteil seiner Arbeitszeit steckt Matthäus zurzeit in die Begrünung seiner Logistik. Nein, es werden keine Blumenbeete auf Containerschiffen gepflanzt - die Transporte sollen umweltfreundlicher werden! Fast schon zum Hobby hat sich dabei seine Leidenschaft für LKW-Motoren entwickelt. Stundenlang sitzt er über Konstruktionsplänen und Testergebnissen für Hybrid-Motoren und Solarantrieben, um herauszufinden wodurch das meiste CO_2 eingespart werden kann. Denn CO_2-Sparen ist strikte Anweisung von ganz oben (Sie wissen schon von wem!).

In den letzten Jahren musste sich Matthäus vermehrt um die diversen Paketdienste kümmern. Früher war das ja alles viel einfacher - da haben die Menschen ihre Weihnachtswünsche in Kaufhäusern und Geschäften abgeliefert, wo die Geschenke schon auf sie warteten. Aber heutzutage boomt ja das Onlinegeschäft. Na ja, die Menschheit wird immer bequemer und sitzt lieber vor dem Bildschirm auf dem weichen Sofa im Wohnzimmer statt von Geschäft zu Geschäft zu hetzen. Gut, dass sich Matthäus mit dem ganzen Technikkram sowieso gut auskennt, so hat er gleich einmal die diversen Zentralwarenlager neu aufgestellt. Die größten Bestände ließ er diesmal für das Weihnachtsgeschäft direkt an Amazon, Ebay und Tchibo liefern. Er rechnet damit, dass 2010 Geschenke im Wert von sieben Milliarden Euro über das Internet bestellt werden, allein in Deutschland. Und dafür will er auf jeden Fall gerüstet sein. Auch seine Paketdienst-Heinzelmännchen und Engelchen hat er bereits auf Überstunden eingestellt. Denn bis zum Heiligen Abend muss ja alles für Niko und das Christkind ortsnah bereit stehen.

Dafür dürfen sie auch eine saftige Prämie erwarten - Gerüchten nach haben sie dafür bis zu zehn Sünden frei. (12), (13)

Trends

Für das Weihnachtsfest 2010 liegt alles im grünen Bereich. Nach der miesen Weihnachtsstimmung wegen der Wirtschaftskrise im letzten Jahr sind die Aussichten diesmal wieder wesentlich positiver.

Deshalb sind auch die Wunschzettel für 2010 in Deutschland um im Schnitt 1,9 Prozent länger als noch 2009.

Auch europaweit kommt auf die Himmels AG wohl wieder etwas mehr Arbeit zu. Das Weihnachtsgeschäft 2010 wird im Vergleich zum Vorjahr voraussichtlich leicht um etwa 0,8 Prozent ansteigen. Dabei wird erwartet, dass die Wunschlisten übers Internet länger werden. Laut Prognose werden diese europaweit sogar um bis zu 25 Prozent zulegen. Insgesamt wird der Umsatz für das Weihnachtsgeschäft in Europa 2010 auf 313 Milliarden Euro geschätzt, davon sollen 32 Milliarden Euro oder 10,3 Prozent übers Internet geordert werden. (15), [Abb. 2]

Nur mit der Wunschzettelerfüllung unserer Politiker tut sich der Vorstand der Himmels AG noch sehr schwer. Die Laufzeitenverlängerung der Atomkraftwerke liegt hier allen schwer im Magen. Damit sind zwar die Wünsche von EON, RWE und Vattenfall erfüllt worden, die werden aber eigentlich von den Mitarbeitern der unteren Etagen (Höllenfeuer AG) beliefert. Da diese Wunscherfüllung mit Millionen von absolut konträren Wünschen von Bürgern kollidiert, hätte eigentlich der Himmel-Hölle-Vermittlungsausschuss angerufen werden müssen. Mangels verfügbarer Vermittler ist dies leider unterblieben und der Big Boss ist angeblich stocksauer und hat sofortige Strafmaßnahmen gefordert. Man darf gespannt sein, wie dieser Interessenkonflikt ausgeräumt wird.

Für die Tage nach Weihnachten hat der Big Boss sowieso eine Aufsichtsratssitzung des Gesamtkonzerns einberufen. Er ist mit der Geschäftsentwicklung nämlich ausgesprochen unzufrieden. Zuviel Zeit und Arbeit wird Jahr für Jahr in die Erfüllung von Milliarden kleiner Wünsche gesteckt. Für die großen Wünsche ist dann keine Zeit mehr übrig. So wird auch heuer wieder sein eigener Wunsch - Friede auf Erden - unerfüllt bleiben. Und auch der andere Wunsch, dass niemand mehr an Hunger oder Mangelernährung sterben solle, blieb auch in diesem Jahr wieder auf der Strecke. Schade eigentlich. Aber vielleicht klappt es ja zu Weihnachten 2011 - bis dahin bleibt ja wieder ein ganzes Jahr Zeit. Und die drei Engel für Niko haben da ja schon ganz andere Probleme gelöst.

Wir wünschen ein friedvolles Weihnachtsfest!

Fallbeispiele

Aufschwung sorgt für

Weihnachtsstimmung

Die gestiegenen Investitionen bei den Unternehmen haben dafür gesorgt, dass die Inlandsnachfrage mittlerweile wieder besser ist. Der konjunkturelle Aufschwung mit sinkenden Arbeitslosenzahlen hat zudem für eine spürbare Verbesserung der Weihnachtsstimmung gesorgt und Arbeitslosenzahlen unter der Drei-Millionen-Grenze sorgen dafür, dass der Aufschwung auch in den Portemonnaies der Menschen ankommt und dass die Wunschlisten natürlich gleich wieder wachsen.

232 Euro pro Person beträgt das Budget 2010 für Weihnachtsgeschenke, also drei Prozent mehr als im Vorjahr. (6)

Online beflügelt auch Spielzeugmarkt

Viele Kinderaugen werden dieses Jahr zu Weihnachten wieder besonders strahlen, denn deren Wünsche werden natürlich bevorzugt behandelt. Der Bundesverband des Spielwaren-Einzelhandels (BVS) rechnet deshalb 2010 mit einem Plus von drei Prozent und einem Branchenumsatz von 2,46 Milliarden Euro. Klarer Wachstumstreiber ist auch hier der Online-

Bereich, der bereits einen Anteil von 16 Prozent hält. Erfreulich hier: Dies ist nicht zu Lasten des stationären Handels geschehen. Vielmehr ist hier Ursache eine Markterweiterung, die besonders Markenprodukten zugute kommt. (14), [Abb. 3]

Zahlen & Fakten

Abbildung 1: Der Weihnachtsmann hilft im Versand

Der Weihnachtsmann hilft im Versand

Abbildung 2: Insgesamt auch europaweit etwas längere Wunschzettel

Weihnachtsgeschäft in Europa	Einzelhandelsumsätze in Milliarden Euro 2010	Veränderung in Prozent	davon Online in Prozent
Großbritannien	77,2	1,3	16,8
Frankreich	62,5	1,0	10,1
Dänemark	5,4	-3,2	11,3
Deutschland	64,5	1,9	12,7
Italien	44,3	-0,5	1,5
Niederlande	12,3	0,8	9,1
Norwegen	6,1	-1,9	12,0
Spanien	31,2	-1,2	2,0
Schweden	9,6	4,3	8,9
Gesamt	**313**	**0,8**	**10,3**

* Prognose: Quellen CRR, INSEE, Eurostat entnommen aus: Kelkoo Studie zum europaweiten Weihnachtsgeschäft 2010: Online-Handel sorgt für Wachstumsschub im Einzelhandel (15)

Abbildung 3: Online auch bei Spielwaren auf dem Vormarsch

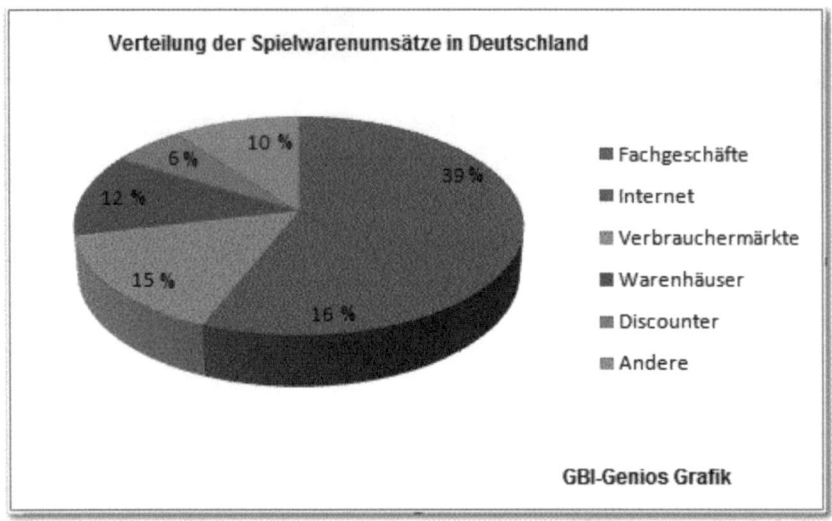

Entnommen aus: Lebensmittel Zeitung 45 vom 12.11.2010 Seite 008, Zimmermann, Tassilo, Spielwaren boomen. (14)

Weiterführende Literatur

(1) Cerium - den Namen muss man sich merken
aus Frankfurter Allgemeine Sonntagszeitung, 07.11.2010, Nr. 44, S. 55

(2) Notenbankpolitik treibt die Rohstoffhausse
aus Frankfurter Allgemeine Zeitung, 06.11.2010, Nr. 259, S. 21

(3) Spielzeuge werden deutlich teurer
aus Süddeutsche Zeitung, 05.11.2010, Ausgabe

Bayern, Deutschland, S. 21

(4) Weltmarkt der Extraklasse
aus Focus, 08.11.2010; Ausgabe: 45; Seite: 126-128

(5) Amazon erwartet schöne Bescherung
aus Lebensmittel Zeitung 43 vom 29.10.2010 Seite 118

(6) Einzelhandel erwartet reiche Bescherung im Weihnachtsgeschäft
aus Handelsblatt Nr. 218 vom 10.11.2010 Seite 24

(7) 2011 kommt die Vorab-Meldepflicht
aus DVZ, Nr. 12 vom 28.01.2010

(8) Zollvoranmeldung zum 1. Januar
aus DVZ, Nr. 135 vom 11.11.2010

(9) Endspurt bis Silvester
aus Süddeutsche Zeitung, 28.12.2009, Ausgabe Deutschland, Bayern, München, S. 22

(10) Sektlaune in Christmas Village
aus Frankfurter Rundschau vom 06.11.2010, Seite 18

(11) Landung auf dem Boden der Tatsachen
aus Süddeutsche Zeitung, 03.11.2010, Ausgabe Deutschland, S. 2

(12) Der Weihnachtsmann kauft online ein
aus Handelsblatt Nr. 217 vom 09.11.2010 Seite 23

(13) Die Kauflaune der Konsumenten steigt wieder
aus Frankfurter Allgemeine Zeitung, 26.11.2010, Nr. 276, S. 21

(14) Spielwaren boomen
aus Lebensmittel Zeitung 45 vom 12.11.2010 Seite 008

(15) Kelkoo Studie zum europaweiten Weihnachtsgeschäft 2010: Online-Handel sorgt für Wachstumsschub im Einzelhandel
aus Lebensmittel Zeitung 45 vom 12.11.2010 Seite 008

Impressum

Weihnachten - Drei Engel für Niko

Bibliografische Information der deutschen Nationalbibliothek

Die Deutsche Nationalbibliothek verzeichnet diese Publikation in der deutschen Nationalbibliografie; detaillierte bibliografische Daten sind im Internet über http://dnb.d-nb.de abrufbar.

ISBN: 978-3-7379-3066-6

© 2015 GBI-Genios Deutsche Wirtschaftsdatenbank GmbH, Freischützstraße 96, 81927 München, www.genios.de

Alle Rechte vorbehalten. Dieses Werk ist einschließlich aller seiner Teile – z.B. Texte, Tabellen und Grafiken - urheberrechtlich geschützt. Jede Verwertung außerhalb der Grenzen des Urheberrechtsgesetzes bedarf der vorherigen Zustimmung des Verlags. Dies gilt insbesondere auch für auszugsweise Nachdrucke, fotomechanische Vervielfältigungen (Fotokopie/Mikroskopie), Übersetzungen, Auswertungen durch Datenbanken oder ähnliche Einrichtungen und die Einspeicherung und Verarbeitung in elektronischen Systemen.